JN410890

그 겨울의 노래

유나영 시집

인지
생략

들꽃시선 122
그 겨울의 노래

지은이/유나영
펴낸이/문창길
초판인쇄/2014년 01월 25일
초판펴냄/2014년 01월 30일
펴낸곳/도서출판 들꽃
주 소/100-273 서울 중구 필동3가 28-1 서울캐피탈빌딩 B202호
전 화/02)2267-6833, 2273-1506
팩 스/02)2268-7067
출판등록/제2-0313호
E-mail:dlkot108@hanmail.net

값 7,000원
* 파본된 책은 바꾸어 드립니다.

ISBN 978-89-6143-174-3 03810
ISBN 978-89-951327-0-8(세트)

들꽃시선 122

그 겨울의 노래

유나영 시집

| 서문 |

『그 겨울의 노래』란 제목으로 시집을 꾸미게 되었다.

이번의 시집은 어찌보면 자연 친화와 더불어 이국의 정서까지 아우르게 되었다.

내 시의 이랑은 내 삶의 이랑을 더듬어 가고, 가꾸는데 힘을 모았다고 할 수 있다.

몇 번을 더 거듭한 반복의 노력이 있어야 시의 깊이와 미학이 담겨지겠지만 최선의 힘을 기울이며, 앞으로도 더욱 시와 더불어 좋은 작품을 쓸 것임을 밝히고 싶다.

출판사 사장님과 편집진 여러분께 고마운 마음 같이 하고 싶다

2013. 겨울

지은이 유나영

| 그 겨울의 노래 |

차례

서문 / 5

제1부 : 그 겨울의 노래

12_ 세월도 개울물 쉬어가듯 갈까
14_ 맨 처음의 사람은
16_ 그 겨울의 노래
18_ 그리움의 연습
20_ 어느 호숫가에서
21_ 그리운 날의 노래
22_ 물에 배인 종이
24_ 가난에 묶인 소년
25_ 은사시목 앞에서
26_ 떠나는 것과 만나는 것
28_ 보라
30_ 뻐국새가 운다
31_ 노을
32_ 낮달의 흔적
34_ 하얀 눈 내리고
36_ 까마귀 · 1
38_ 까마귀 · 2
40_ 슬픔도 한 식구
42_ 노루새끼
44_ 사랑의 속성

제2부 : 호치민의 광장

48_ 호치민의 광장 · 1
51_ 전쟁의 고아가 된 나무
52_ 호치민의 광장 · 2
54_ 호치민의 광장 · 3
56_ 하노이의 야경 · 1
57_ 하노이의 야경 · 2
58_ 베트남의 여인
60_ 거리의 이발사
62_ 월남전선
64_ 하롱베이 일기 · 1
65_ 하롱베이 일기 · 2
66_ 하롱베이 일기 · 3 - 동굴 속의 한 기둥
67_ 하롱베이 일기 · 4
68_ 베트남의 철로
70_ 월남전 기념비
72_ 베트남 일기 · 1
74_ 베트남 일기 · 2
76_ 베트남 일기 · 3
78_ 세월이 묻어 놓은 베트남 · 1
79_ 세월이 묻어 놓은 베트남 · 2

제3부 : 바람 결에서

82_ 시장 어귀에서 - 하노이의 풍물
84_ 하롱베이를 간다
86_ 감귤 하나 든 소녀에게
88_ 원숭이가 기다린다고 해서
90_ 강물 젖은 달
92_ 여유로움의 자리
94_ 삶의 길
96_ 베트남의 커피
97_ 새의 노래
98_ 비를 맞으며
100_ 휴지
102_ 어느 사막
104_ 내 간절한 것
106_ 바람 결에서
108_ 너와 나의 관계
110_ 만경강 · 1
112_ 만경강 · 2
114_ 만경강 · 3
116_ 만경강 · 4
117_ 산길 시행

제4부 : 둠벙가에서

120_ 사랑은
121_ 물 넝쿨의 서정
122_ 연잎에 이슬방울
124_ 망초 꽃
126_ 동백정에서
127_ 들국화
128_ 물위에 떠도는 세월
130_ 그리움의 자리
132_ 샛강에 가면
133_ 물안개 낀 자리
134_ 책갈피의 풀잎
135_ 원두막 풍경
136_ 사랑은
137_ 포도송이
138_ 문전에서
140_ 비닐하우스
141_ 파도소리
142_ 고가에서
144_ 둠벙가에서
146_ 바람의 거리에서

150_ 작품해설 | 채수영 · 정서의 반응과 함축적 모놀로그

제1부

그 겨울의 노래

세월도 개울물 쉬어가듯 갈까

전주천변을 끼고
한 겨울의 눈은 내리고 쌓였는데
물은 잠시 멈추었다 흐를 것 같다

세월도
유현에 사무쳐
천변의
물길처럼
아마 멈추었다 갔으면 한다

그래야 기억의 덫에 걸린 것
건져 올릴 것이고
무더기
무더기진 그리움도
화첩에 끼어 넣을 수 있을 것 같다

세월 멈춰있을 자리
사랑도 고운 채

꽃다운 노래 없을 것이고
전주 천변의 물이 잠시 멈추듯
세월도 그리 멈추는 듯 갈 것 같다

맨 처음의 사람은

맨 처음의 그리운 사람
하얀 눈발을 딛고 올지 모른다
빼앗긴 세월의 능선을 타고
바람처럼
시름겹게 나부끼며 올지 모른다
어느 드라마의 대화에서 있을
방백처럼
청중만이 웅성거리는 풍경을
끼어 안으면서 남의 일처럼
안타까워하면서
내 처지를 망각하고는
하얀 눈발이 내리는 길을 걸으며
세상이 그리운 걸 동경할지 모른다
밤이면 별이 뜨면서
그리움은 정상으로 치달아 오르고
그걸 알고 있는 눈발은
달의 가는 길 막고
별을 가두고

이 밤 깊은 수렁에서 나부낄지 모른다

그 겨울의 노래

눈은
산타령을 서둘면서
아주 오랜 날의 고향 산을 불러대고
산태목 마른 가지에 오르고 있다
또한 그리운 날의 이야기 들려주던
할아버지 뒷동산 묘지 위에 내리고 있다

오솔길을 걸어갈까
흔적만 남아 있는 고향의 고샅길을
걸어볼까

바람은 야트막한 산길을 돌고
희끗희끗 배인 세월이
눈발에 가리었다가
되비치면
언덕은 마치 꽃으로 쌓이듯
그렇게 눈은 내리면서
얼마나 많은 것 묻어 논

고향 산길을 밝히고 있는가

눈은 내리는데
내 할아버지 머리 하얀 빛살처럼
눈은 내려 쌓이는데
나는 고향의 정에 취한 산길을
터벅터벅 걸어가고 있다

그리움의 연습

무엇이 나부끼는가

허수아비 아랫도리 같은 메마른 그리움이 있어
만남도 메마른 채 울부짖고
밤에 별은
풀피리만 어루만지고 논다

음산한 바람이 와서
심산이 어지러운데
까닭인즉
옛날의 놀이터가 간절할
놀이터의 그리움 때문에
마른벼락이 내릴지 모르는
하늘 두른 날씨마저 희뜩대는가

방울소리 울리면서 지나는
어느 구전에서나 있을
소금장수의 이야기처럼

간절함 들고
밤을 세우는데
곧 올 것 같은 막연한 그리움 두고
고단한 풍속에 끼어
허수아비 하나가
흐느끼고 있다

어느 호숫가에서

그 호수에 내려앉은 노을은
내가 가꾼 꿈의 이야기를 할 줄 안다
바람과 풀잎과 같이
풀잠자리는
긴 꼬리를 내밀고
내가 그리운 시절의 이야기를
들어줄 준비를 하고 있다

세월은 가겠지만
가면서
하얗게 배인 흔적을 쓰다듬다
남긴 걸 보고 듣게 되겠지만
호수에 내려앉은 노을 앞에 이르러서는
한번은 서둘러 그리워할
사람의 이름을 불러주고 있다

그리운 날의 노래

빛 무늬 고운자리
고르면서
피리를 불까

우리들의 뜨락마다
이슬 찬 아침은 가고
저만큼 어깨동무하고
놀던 세월이 가고

소중한 사랑을 키운
그 언덕쯤에 오르고 싶은데
은백색 무늬만 남아
휴지보다 더 삭막하게 날리고 있다

물에 배인 종이

그렇다
세월 가는 길처럼
물은 종이에 젖어간다
아마 자연스러이 젖어서 간다

물은 종이에 젖어가다가
때로는 고비 맞아
젖어갈 자리를 비껴간다
장애물에 의해 그렇게 비껴간다

삶이 그러하고
사랑이 물에 젖어 가는 종이와 같이
젖어 가다가 비끼어 가고

왜 비껴가는 것인가
왜 비껴갈 자리의 의미를
삶으로 묻지 않는가
때로는 그 이유가 아파서 남는 것

그리움인데
그리움은 삶에 있어서
사랑으로 아파하는 것과 같다
물에 배인 종이와 같이
세월 가는데
거기에 삶이며 사랑이 간다

가난에 묶인 소년

한 소년이 울었었지
눈부신 날
잡힐 듯하여
목마처럼 흔들리며 떨었지

세월은 파도에 눌려 놀랜 하얀 물줄기처럼
일렁거리고
다만 나누지 못한 이야기가
창호지처럼
울음 울었지

누가 애정을 붙잡아서
겨울나무처럼 움츠리는가
누가 밤으로 지저귀는
새의 울음처럼 울부짖는가

남모르게 감추어 둔 비밀의 사슬에 묶여
소년은 하 많이도 울었었지

은사시목 앞에서

은사시목 잎새 돋는 날
그 아이의 고운 숨결도 만나게 되겠지
침전된 세월의 둘레
냇물 흐르면
물소리 따라가다
옛날 사무친 날의 그리움
발처럼 짜 늘이게 되겠지

외로운 자리에 떠다니는
낯별 사이로
목이 쉰 세월 위에서
그 아이의 이름 부르면서 잠이 들고
은사시목 행렬지어 물위에 뜨면
외로운 천지에도
언제나 그리운 사람 와서 놀 수 있겠지

떠나는 것과 만나는 것

물이 흘러가듯
세월 가는데
그리움 널고
가는 것
그것은 삶에 있어 최상의 상품이다

살아간다는 것
정 하나씩 흔적으로 남는데
그것은 꽃의 향기처럼
기억되는 것이다

삶으로
잡히는 것
무엇을 남기고
무엇을 가꾸며
어떤 몸짓으로 유희하는가

다만 살아온 날을 얹은 풍경은

하나의 조각이다
떠나는 것과 만나는 것의
터널에서
맞는 최상의 질서다

보라

볼 수 있다면 보라
푸른 하늘과
푸르른 땅의 저 들과
푸른 나뭇가지의 잎에 매달린
영롱한 이슬방울과
그것들이 순정의 노래로써
아이의 웃음처럼 고운 자리를
볼 양이면 보라

누가 세상이 무서웁고 두려웁다
그렇게 이르는가
누가 소망을 잃었다고
그렇게 구박 하는가
그것은 다름 아닌
내 마음에 가득한 오욕과 칠정의
범람 탓이 아니겠는가

볼 수 있을 때 보라

그대 참사랑으로 이루어질 세상을
그대 잊어버린 사랑의 숨결을
그대 거룩한 신앙의 숨결마디를 보라

뻐국새가 운다

단 한번
마음 적신 아픔으로
삶을 묻고

새가
뻐국새가 뻐국
뻐국 울고

나뭇가지 끝 흔들면서
저 넘어
둥지를 보고

새가
울더라
뻐국새가 울고 있더라

노을

지는 해를 누가 일러
노을이라 하였던가
차라리 노을이었으면 얼마나 좋으랴
얼마나 황홀하랴
처얼철
흐르는 눈물
꽃물로도 붉은데
지는 해를 누가
저문 사랑이라 했던가
누가 삶의 마지막 작별이라 했던가
노을처럼
타오르는 풍경이었으면
얼마나 좋으랴
많이 타오르는
사랑의 황홀이었으면
얼마나 좋으랴

낮달의 흔적

기울어가는 시절처럼
낮달은 가고 있습니다
친구를 잃고
그리움으로 쌓인 채
제 홀로 가기를 소원하고 있습니다

아주 높이
아스라한 눈빛 하나만 꿈벅이면서
햇살의 그늘에 숨은 듯
솟구치면서
바람에도 밀리어나듯
그렇게 시름겨운 날의 둘레에서
떠돌다가 가고 있습니다

어머니가 길 잃은 아이를 부르면서
헤매이듯
그렇게 먼 길을 나서듯
외로운 외침마저 실의에 차

희미한 채
낮달은
아스므레한 길을 가고 있습니다

하얀 눈 내리고

내가 어린 시절에 놀던
물가에 나아가 보았더니
그렇게 넘실대는 물은 보이지 않고
하얀 눈이
물가에 내려 쌓이고
내 어린 시절의 꿈이
눈처럼 고웁게 널려 있었네

희뜩희뜩
번지는 눈빛이
그렇게 고운 채 넘나들어서
내가 물가의 눈길을 걸어가면서
때 절은 시절을 감출려고
애를 쓰게 되면
진땀을 흘리고도 있었네

내 어린 시절이 고웁듯이
겨울산하에 내린

눈은
욕망도 없이 영혼에 끼어
찰랑대면서
순정을 나르듯이
사람의 자리에 묻혀나서
행복의 내력을 엮어내게 되었네

까마귀 · 1

한 겨울에 까마귀 떼가
보리밭을 누비고 있다
내 세월의 난간에 사무치는
바람을 몰고
공중을 회전하기도 하면서
내 유년의 전설을 불러대고 있다
광활의 뜰 보리밭 골마다
파랗게 지핀 잎사귀 사이를 누비기도 하고
어릴 적 이야기들을 하나씩 들추면서
겨울 동화의 줄거리 엮어가며
까악까악 노래하기도 한다
내 지나간 날 까맣게 잊고 살아오다가
까마귀 떼 놀고 있는 까닭을
비로소 헤아리면서
세월 간 자리 그리움은 얼마나 많이
자지러지면서
사랑으로 애태웠었던가
차가운 바람 몰리고

새가 날면서 바람 일으키고
나는 꿈 하나 헤아리면서
김제 광활한 뜰 맞아
보리밭에서
까마귀와 같이 지난날의 유희에 취해
길을 걷고 있다

까마귀 · 2

까마귀 난다
겨울 찬바람 몰고
까마귀
떼지어 난다

넓은 뜰 지나
광활한 하늘 끝까지
날다가
겨울 보리밭 골에 앉아
삶을 나누고

까마귀 난다
내 꿈의 세월
전설을 지피더니
밤으로 울고

까악까악
까마귀 떼지어 운다

내가 살아온
날의
그리움 걸고 운다

슬픔도 한 식구

슬픔도
한가한 날의 생각을 불러
식구처럼 찾아들고

모두가
그리운 사람 모아 놓고
얼굴이며
옷소매 어루만지고

음성이며
고운 자태도 아로새겨
가슴으로 어르면서
슬픔도
한 식구처럼 어르고 있다

사람 가고
사랑이 남아 빈 뜰 누비고는
슬픔도

한 식구처럼 찾아와 논다

노루새끼

겨울 강뚝을 걷다가
만난
노루 한 마리
내 시름이 묻은 듯
나와 똑같이 뚝길을 걷고 있다

어미를 잃고
굶주림에
빈뚝을 거닐면서
무심한 세월 가듯
노루 한 마리 걷고 있다

강이랑 뚝방 길 마른 풀잎 널부러진
자릴 헤집고
차가운 바람 몰면서
외로운 길을 걷고 있다

차라리 두려움에 질려

실신한 몸짓이었으면 어떨까
폐허의 광장
무량의 아픔이 절규하는
빈 거리 뚝길에
노루 한 마리
절망에 몸 던지고 있다

사랑의 속성

사랑은 머물고 있는 게 아니라
물처럼 그냥 흘러가기를 소원하는 것이다
물이 유장의 파문을 내듯이
아름다운 자리를 결박해 놓고
몰래 떠나기를 소원하는 것이다

사랑은 흔적에 묻혀 흐느적이고
시름에 겨워
밤의 고적한 풍속에 익숙한 것이다

무심으로 흐르는 별을 보듯이
달빛의 그림자에 취한
물잎을 보듯이
사랑은 흔적을 태우면서
빛나는 것이다

저녁 한 때 황홀한 불빛처럼
노을 지피듯이

그렇게 타오르다가
원색의 빛살을 휴대하면서
사랑은 신음으로 흐느적이는 것이다

제 2 부

호치민의 광장

호치민의 광장 · 1

널따란 광장 호치민의 광장을 걷자

네 삶이 무엇인가
조국을 품으로 안을 삶이 무언가
묻고 싶으면
수만리 이국의 하늘을 날아 와
호치민의 광장을 걷자

나의 영광은 무엇이며
나의 조국은 무엇이며
나와 조국의 오래고 긴 겨레의 뜻이
무엇인지
침묵으로 이 광장을 걸어야 한다
네 욕망의 비정한 삶을 내리면서
사랑과
사랑의 집념과
그 까닭 없이 사무치는 네 영혼을 잡고
비상의 날개 펴야 한다

누가 이르러 말했던가
조국은 국민의 것이며
국민으로부터 건설되어야 하는
국민의 자리에 있을 때
비로소 꿈의 여명은 여기 있다는 걸

가자
베트남 영웅 호치민의 광장
월남전쟁의 영웅
호치민을 만나러 가자

우리는 조국의 자유를 두고
얼마나 외쳐야 하는가
우리는 조국의 분단을 두고
저 사람 호치민
조국의 품에서 살다
조국의 품으로 돌아간 사람을 볼 것인가

호치민 그는 죽고
나는 이국의 창공을 날아
월남의 영웅
호치민을 보러왔다

불러보고 소리 들을 수 있으면
들으러 왔다

세계의 어느 끝에도 볼 수 없는
남북의 분단국가
대한민국
민주는 무엇이며
조국의 경건한 진보는 무엇인가

한 겨울 하노이의 하늘로 날아와
조국산하의 구름 낀 체온에 움츠리면서
나는 호치민의 광장에 와 있다

전쟁의 고아가 된 나무

열대의 밀림 깊숙한 쪽
한 그루의 나무가
고아가 된 채
숲길을 가로막고 있다

바람마저 비껴가는
외로운 자리에서
나무는
포화의 흔적만 몸에 지니고 있다

얼마나 더 가야 하는지
얼마나 기다려야 하는지
모르면서
외로운 나무 한 그루가
육신의 마디마디 잘리운 채
목석이 되어
빈 땅
모서리를 가꾸고 있다

호치민의 광장 · 2

나는 삶이 지루한 까닭에
목민심서
한 권을 들고 숨을 거두었던
호치민의 광장에 섰다

그가 가진 근면이 무엇이며
그가 가진 조국의 미래가 무엇이며
그가 가진 삶의 근본이 무엇인지 물으러
호치민 광장에 왔다

당신의 평화와
당신의 조국에 대한 열망된 통일과
당신의 진실을 눈여겨 보기위해
이국의 땅
호치민의 광장에 왔다

조국 앞에 이념의 상투적 시샘이
그리 중요한가

조국의 완벽한 통일
조국의 안녕질서
조국의 꿈을 보고자 이 광장에 섰다

자유는 만 가지 거동에서
오직 하나만을 가꾸어야 한다
자유는 확신에 찬
믿음의 수호신이다

자유여
조국의 평화여
여기 호치민의 유적의 뜰에 이르러
나는 온 몸을 태우고 싶어
호치민의 광장에 섰다

호치민의 광장 · 3

내 인생의 99% 삶
그 삶을 걸 수 있다면
호치민의 광장에 서서 걸고 싶다

내 인생의 99% 삶을 모두 바쳐도
이룰 수 없다면
내 남은 1%의 삶 모두를 놓고
오열로도 목청을 돋우고
가슴으로 울고 싶다

세월 간 것
그것이 무심이라 했던가
번뇌던가

나는 내 삶의 걸어온 모습을 묶어
부끄럽도록
아마도 용서받지 못한 삶을 모아
울고 싶다

인연은 좋은 만남의 끈인데
인연이 있는가
인연은 삶으로 다진 거룩한 신앙인데
내게 신앙이 있는가
내게 남은 1%의 남은 힘 가슴으로 채워 울고 싶다

하노이의 야경 · 1

그렇게 설레이게 하더니
겨울비는
밤별을 가두더라

적요가
물결의 넘나듦보다
아스라이 밀리어 나더니
바람
한 점
시든 꽃잎처럼 젖어오더라

어차피 낯선 자리인 것을
모두가 정으로도 휘어 찰 힘이 없는 것을

비는
겨울의 하노이 밤을 태우고
나는 비의 선율에 묶여
노래의 한 옥타브처럼
그렇게 떨 수밖에 없더라

하노이의 야경 · 2

어젯밤의 비가 구름 뒤에 숨어
별로부터
끝내 눈물 흘리게 하더라

참고 견딘 오랜 아픔을 두고
별은
속으로만 울고 싶어 하더라

길은 아득한 날의
남국
열대에서
바람에도 울부짖더라

어젯밤의 비가 별로부터
그리움으로
눈물 흘리게 하더라

베트남의 여인

베트남의 텃밭은 여인이 가꾼다
가난을 묻게 되면
여인은 노동의 땀을 흘리게 되면서
대답하게 된다

베트남의 여인을 만날 양이면
농로거나
일터에 가 보면 된다

일하다가 목숨을 거두면
누군가 노동의 현장에
비 하나 세우게 되고
베트남 여인이 땀 흘린 흔적
묘비에 가면 보게 된다

여인은 가난을 쓰다듬을 줄 알고
여인은 삶의 이랑을 손질할 줄 안다

이웃 나라의 침공
프랑스의 침공
미국의 침공에서 자유로울 수 있는
삶으로써 땀을 흘릴 줄 안다

베트남의 농로에 가면
여인은 품성으로써
가난한 삶을 가꿀 줄 안다

거리의 이발사

하노이의 시장 어귀에 가면
야외 이발사를 만나게 된다

고단한 삶을 물을 양이면
이발사는
가위를 들고
머리 한 올씩 잘라간다

가는 세월을 자르듯이
자르면서
모양과
꿈과
삶의 너울을 올려 놓는다

하노이의 시장에서 만난
이발사는
보슬비 젖은 손끝에 시름도 걸고
삶을 구걸할 수 없어

삶의 방법을
가위로써 알리고 있다

한겨울인데
거리의 이발사는 풍금 한 옥타브씩
올리듯이
그렇게 삶을 가꾸고 있다

월남전선

숲이었겠다
울창한데
숨어서 전진하는
싸움터였겠다

열대의 태양 이글거리고
포화소리로
움츠리는 몸
놀래었거니

그렇게 세월 묶어
아스라한 날
넘보는
여기가 월남전선
낯선 지역
남의 나라에서 싸운
전쟁터였겠다

산울림 햇볕에 가려
천리는 족히 전율하거니
숲이었던가
반백년 지난 싸움터였겠다

하롱베이 일기 · 1

하롱베이에 왔더니
칭칭 감아 조인 물은
바위와 같이
놀더라

섬과
섬을 이어가는
석산은
산돌아 메아리치고

섬은
섬을 잡고
바위산 기슭에
파란 물로 넘쳐나더라

삼천의 섬을 돌 것인가
파아란 물이 좋아라
너울대는 물과 같이
놀까

하롱베이 일기 · 2

해상을 가 보았더니
해상은
그 파란 물로도 춤을 추더라

물은
하늘을 도는 수리새처럼
비상을 하고
은빛 깔고는
무희보다 고운 춤으로 놀더라

물은
산 깔고 돌아 섬으로 잇고
세상의 시달림을
끌고 가더라

하롱베이 일기 · 3

- 동굴 속의 한 기둥

한 기둥을 짚고
위로는 성모가 앉아 있네
아래로는 악마가 자리했네

사람의 본성이 본래 선의 관계에서
한 울안을 벗어나
선과
악의 관계를 낳고
경계의 자리 되었네

하나의 기둥은
원래 부정을 모르나
그 부정의 관계를 물으면서
하나는 영혼을
하나는 욕망을 늘이게 되었네

하롱베이 일기 · 4

관계와 관계를 두고
물은 흐른다
바위산은 산인 채 맞잡고
인연의 끈을 늘린다

수 십
수백 개의 선과의 관계에서
자연을 널고
정을 널고 있는
하롱베이

물은
산돌아 회전의자처럼 돌거니
거기 원숭이 떼지어 놀고
자연은 관계로써 인연의 끈을 늘린다

베트남의 철로

베트남의 산모롱을 돌아가면
철로는 미아가 된 채
지나간 세월을 물은 지 오래다

베트남에 남은 흔적 하나가
통일을 싣고
평화의 메시지를 전하면서
하나씩
전쟁의 잔해를 지워가고 있다

어느 오지의 마을 입구에도
건설은 꿈으로 가꿔
기억을 줍는 아이마저
찾을 길 없다

산 고개 넘고
호수 따라가면
철로 저만큼 삶의 풍장이 울리고

그 길로 사람들은 가고 있다

월남전 기념비

누가 전쟁을 삶의 잔혹사라 했던가
누가 월남의 전쟁을
피의 함성이라 했던가

한국의 총에
피는 강을 이루고
증오는 전쟁의 비문에 얹어있다

할퀴고
찢기어온
월남전의 내력을 적고 있다
한국의 총에 맞은 피를
이 비문에 월남인은 적고 있다

한국은 이 지구의 끝에서
누구를 위해
잔혹사의 주인이었는가

아픔의 굴곡
전쟁의 연민이 쏟아 부은
베트남 엽서
비문으로 새긴 엽서 하나를
나는 눈여겨보고 있다

베트남 일기 · 1

베트남의 밀림이거나
숲을 헤치다 보면
세월이 간 흔적 하나씩 만나게 되겠지

이국의 하늘 아래서
우리의 젊은 사내의 절규하는
몸짓도 만나게 되겠지

포화가 산천을 누비고
전쟁이 가져간 목숨
그 영혼의 아우성이
산을 이루고
내를 이루어
요동친
20C의 마지막 비극의 산하

세월 간 노래 남아 경청할까
천년 거목을 아파하다가

통곡하다가
숨을 거둔
그 세월의 흔적은
곡예로도 서글프게 남루한 빛으로 감기겠지

베트남의 하늘아래
저 밀림을 지나갈까
한 장병이 살아 울부짖고
고엽제의 병으로 신음하는
절규에도 침전할까

1960년대 신음하는 그 병자는
우리들의 아버지
아버지의 신음인 것을 들어야겠지

베트남 일기 · 2

이국의 하늘 아래
총성이 메아리친 광장
죽음의 광장에 와 있다

밀림과
숲을 지나면
잃었던 전설은 무성한 숲에 얹히고
한이 남아 울부짖는
영혼이 남아 외치고

사람은 가고 빈자리
회전목마처럼
떠도는
풍속을 팔랑개비처럼 돌리면서
나는 고단한 전쟁의 잔해
몇 개를 움켜쥔다

밤 피리 흐느끼듯

처얼철 넘쳐나듯
이 고단한 아픔을 이삭처럼 줍고

낙하되어 간 세월의 난간에서
묵시록 하나로
고단한 역사의 고랑을
누비고 있다

베트남 일기 · 3

어디로 갈까
어느 간이역에도 스산한 바람 부는데
끼어 들어오는
외로운 곳
풍속마저 다른
언어의 출구를 누비면서
그렇지
총성이 마지막으로 울린
전쟁의 슬픈 현장에 있다

베트남의 겨울 풍경화
한 폭이 스산한데
시름의 능선을 쓸어안는 바람이
내가 들어서는 출구에 있다

무엇이 아픔으로 움츠리고
무엇이 흔적으로 에워 쌓는지
그 자리

찬바람 섞여 불어오는데
마침내 베트남의 하늘 아래
비 내리는 거리에 있다

세월이 묻어 놓은 베트남 · 1

밀림을 두고
무엇을 위해 총구를 겨누었는가
주민들의 신음은 번져 가는데
세월 간 자리
전쟁의 폐허가 된 자리
무엇이 남아 신음하는가

물을 건너 작은 마을 지나면
아픈 상처는 남아
숙명으로 얽히고
아득한 자리 무엇이 있어 어루만지려 하는가
두고 온 산
죽음은 밀림에 묻히고
베트남의 산하는
아주 오래토록 포화의 화약 냄새
그 냄새가 번져나는가

세월이 묻어 놓은 베트남 · 2

전쟁이 쓸고 간
베트남의
산하
산새도 울부짖고

숲이
아마도 기억된 이야기
전설 지피고
철 지난 자리
그 자리
뻐꾸기 남아 울겠지

많은 날 두고
바람에 저무는 날
숲 길
쓸고 울겠지

제3부

바람 곁에서

시장 어귀에서

- 하노이의 풍물

한 반 백년쯤으로 미루어 보면서
나는 마차를 타고
원시의 풍경을 보게 된다

시장의 어귀에 이르면
삶을 가꾸는
가난한 소녀의 손짓도 만나고
하노이의 전설도 가꾸게 된다

정자목 하나를 중앙에 두고
호수는 세월 간 흔적을 담고
나는 여기서 주문처럼 외우면서
아이들과 이웃과 가난을 보고 있다

저녁놀이 물위에 뜨고
물은 어제 일을 짚어주면서
호수를 껴안고 있는 동안
나는 호수의 외곽에서

아주 먼 날의 삶을 동화 엮듯
엮으면서
하노이 재래시장을 돌고 있다

하롱베이를 간다

바위산 두른 섬으로 된
하롱베이를 간다
물은 유장으로 떨려와 사무치고
세계의 눈으로 태운
섬을 간다

하롱베이 섬을 가다 만난
신선의 눈빛도 보고
고릴라의 웅얼거리는 모습도 보고
많은 것
형상으로 꾸민 조각된
예술을 보고
웅대한 숨결의 마디로 아로새긴
하롱베이를 간다

파란물빛도 기류에 따라
산 두른 풍광에 젖고
얼마나 많은 것 부르짖다가

넘치는
삶의 기상인가
우리의 오래고 긴 사랑으로 충만한
하롱베이를 간다

감귤 하나 든 소녀에게

차창 밖에서
한 소녀는 감귤 한 꾸러미를 들고
아마도 구걸에 가깝게
목청을 돋아 세운다

그 간곡한 소리침은
우리들의 귓전에 무심으로 젖어 흐르고
삭막의 자리
한 모서리에서부터
겨울 한낮의 바람이 슬픔을 씹는다

나는 한 소녀의 주문을
한 톨의 메아리처럼 닦아내면서
그 소녀의 이마 밑에 올린
소망마저 짓누르고 있다

무정한 탈춤 속을
왜 주목하지 못한 것인가

왜 부끄럽지 않게
그 창살을 빠져 나왔는가
내게 건너야 할
사람의 따뜻한 숨결마저 없었던 것 같다

원숭이가 기다린다고 해서

빽빽이 들어선 바위산
하롱베이를 간다
원숭이의 춤이 있다고 하는
바위로 두른 섬을 간다

똑닥배 타고 가다가
섬에서 만난
원숭이 그 빨간 엉덩이도 보고
반가이 맞는 시늉을 하면
바나나 하나씩 던져주고
원숭이 노는 섬을 맞는다

사는 게 놀이일 수 없는데
나는 원숭이와 놀이를 한다
나는 원숭이의 뱉어내는 이야기가
무엇인지 모르면서
나는 오락삼아 놀이를 한다

하롱베이의 섬
원숭이의 섬
이 섬에서
원숭이의 마지막까지 흘리고 있는
땀을 본다

강물 젖은 달

물위에서
달이 몸을 포개면
반드시 꽃으로 돋은
사랑 이야기 놓고

정갈한 숨결이 흐르듯
고운 목소리 피워내고는
달은
원무로 떠서
둥근 사랑으로 논다

감기듯이 곱게
아가의 살결보다 곱게
은물결 반짝이면
숨었다 돋고는

물위에서
달빛이 숨 쉬는 게

사랑태운 별무늬
춤으로 논다

여유로움의 자리

내 남은 생의 가장 아름다운
꿈으로 살 수 있다면
시골길 이슬방울 영롱함이
풀잎 미풍에도 향기 어루는
그런 삶의 울안을 다스리고 싶다

가난한 삶이지만 감사가 넘치는
그런 사람과 더불어 어울리고
반가우면 크게 포옹해줄 수 있는
넉넉한 사람과 더불어 살고 싶다

소원해진 사람이 가까이서 아파할 때
어루만져 줄 수 있는 용기를 키우고
내가 가꾼 세월 뒤란에 있는
평화의 뜰을 걸으면서
내 우둔한 맘을 닦아내고 싶다

내가 품었던 아픔들이

얼마나 사치스러운 것인가
내가 편치 못했던 자리가
얼마나 부질없는 것인가
나는 내가 누리지 못한
여유로움을 거느리고
여기서 후회 없는 삶을 가꿔내고 싶다

삶의 길

웃기로 하자
번뇌의 그릇일랑 비워버리고
욕심으로써 해방되게
참한 노래

모든 가능한 것
동원하여
거짓으로써 해방되고
마음으로 다스리는
사랑으로
행복을 가꾸게 하자

한 겨울 함박눈 내릴 때
그때 따뜻한 품성을 배우고
반드시 바라보게 되는
부끄러움으로
양심의 거울을 찾아
온 몸을 비춰내게 하자

목마른 것
사랑으로 두고
참한 노래로써
마음도 한껏 다스리자

베트남의 커피

베트남의 커피는
열대의 풍물로 자라났니라
카페의 창틈을 비집고
낭만의 향기로 번졌니라

꿈도 달아올라
무르익는 것
차밭은 산 첩첩한 골짝 두르고
뜰 가득 지폈거니

푸른 향유의 숨결
쏟아부어 놓은
우리들의 아주 가까운 친구
베트남의 커피는
향기로도 곱게 번졌니라

새의 노래

새가 우는가
노래하는가

빈 하늘을 꿰차고
때로는 서러운 표정을 짓고
때로는 아름다운 노래로써
깨우침을 낳고

논두렁을 돌다가
새는 맑고 고운 노래하다가
어느 풀섶에서
혹은 지붕에서 꿈을 꿀까

바람 부는 날
새는
날개 펴 나르며
노래로써 우는가

비를 맞으며

이슬비 내리는 날은
그리운 이야기 부르면서
비를 맞고 걸어도 됩니다

온몸에 젖어 내리면
잊고 살아온 것이
죄가 될 양으로
그대 가슴을 온통 적시면 됩니다

사랑은 바라는 것 없이
주면 되는 일이고
헤아려보면서
주지 못한 아픈 일들을
가슴에 두고
비에 젖으면 됩니다

물은 고여서 강이 될 것이고
더 많이 고여

바다로 가게 되면서
잊혀진 날을 부르다가
파동 칠 것인즉
비를 맞으며 걸어도 됩니다

휴지

나는 게으른 손을 갖고 있지만
언제부터인가
집안 모서리이거나 거리의 휴지를 줍고 있습니다

상처로 남은 것
그 흔적 같아
끝내 전율을 쓰다듬는 마음을
헤아리고 있습니다

봄의 뜨락에 나서보면
주인 잃은 풀잎이 싱싱하게 나부끼고
맑고 고운 빛살을 띄우면서
봄을 알리고 있습니다

온 몸을 쓰다듬는 바람이
휴지 더미에 오를 때
나는 상심한 세월 같은
흔적으로 남은

휴지를 줍고 있습니다

어느 사막

허연 먼지뿐이더라
메마른 바람은 원시의 뜰을 지나고
희끗희끗 빛바랜 자리에는
누군가 놓고 간 흔적만 나부끼면서
몇 갈래의 서러움이
모래 언덕을 넘어가고 있더라

누가 외쳐대는 비명의 소리
빈 하늘을 두르고
개미 한 마리 기어 다니지 않는데
시신이 묻힌 땅 주변으로
새는 공중을 회전하더라

언제 안타까운 몸짓은 멈추겠는가
언제 절망의 춤은 끝나고
난기류의 중턱을 지나
풍광이 지핀 푸른 숲 가꾸겠는가
허연 먼지일 뿐

끝날 기색은 보이지 않더라

내 간절한 것

그 봄철 속살처럼
숨 죽여 온
미소처럼

염원의 바닷가에
금빛
은빛 조잘댐처럼

환상의 나래 펴고
나르는
산비둘기처럼

맑고
고운 영혼
영혼의 숨 마디 끌어

정갈히 묻어 논
내 간절한 사랑

봄철
연보라 속살 본다

바람 곁에서

바람은 오솔길 뒤켠에서부터 온다
적당한 온도와
적당한 향기와
적당한 계절의 체온을 갖추고 온다

나뭇가지에 숨은 매미의 날개 짓을
들추어내면서
칠월의 신록에 손짓하면서
그림자 뒤에서 바람은 모르게 찾아온다

우리들의 선반에 올려놓은
먹거리의 시샘에 집중하기도 하고
마른 풀잎 더미에 올라앉기도 하면서
바람은 어제와 오늘의 기억을 데려다 놓는다

여름 한낮 모깃불 지피고 앉아 놀면
바람은 그렇게도 친분을 내새워
모깃불 끝으로 날아들고

오열에 찬 모기의 숨결을 끌어당기며
하늘 높이 오르기도 한다

바람은 어느 파수꾼이 기다리다 맞이하는
간절한 아침처럼
생존의 법칙을 일러주고 있다

너와 나의 관계

너와 나의 관계에서
빼앗긴 영지를 알 수 있는가
나부끼다 떨어져 가는
환멸의 머리맡을 보겠는가

한 겨울의 시린 손끝이 떨려오고
미쳐 날뛰는 문명 저 편으로
우리들의 유산을 차압해 놓았는데

무엇을 위한 해빙의 날을 기다려
참고 있는 것인지
무엇을 위한 사모의 날을 두고
나는 오지에 정박해 있는지

아마 너와 나의 관계에서
사슬이란 무엇인가
해명할 능력을 잃고 있다가
빼앗긴 것

왜 그것이 무엇인가 규명할 힘이 없다

만경강 · 1

빛갈기
하나씩 널려있는 곳

기억은
기억끼리 어깨동무하고
이웃을 불러
강으로 모여드는 곳

어느 사이
바구니 하나든 채로
만경강 어귀로 길을 서둘고

수양버들 늘어진 논두렁길을 지나
가난을 홍정하면서
흘러
세월 가는 길을 나서고

꽃눈 따수운 품안처럼

일렁이는
속살 젖은
꿈으로도 널려있는 곳

만경강 · 2

누가 버림받은 땅
보내는 물줄기라 이르는가
누가 고향의 강
고향의 땅이라고 고집하는가

내 가슴 언저리에
동상 하나 세워 놓고
간혹
명상에도 잠기는 곳

발길 서둘면
사계의 기류가 아니여도
눈꼬리만한
시선으로
일렁이면 눈이라도 아픈
시름에 겨운 강이여

누가 일러 잃어버린 망각의 땅이라 했나
누가 지향을 두고

끝없는 아픔
끝없이 밀려오는
아픔의 무도장이라 했는가

만경강 · 3

내 이마의 문패 하나가
사랑을 엮고
목숨의 소중한 경도를 엮고
그리하여 어깨동무하고 있는
유년을 엮으면서
눈짓은 앙금을 쓸어낸다

내 눈금의 앙금에 걸린
정의 부스러기가
휴지처럼 널려 있지만
돌아오지 않는 사람
끝내는 돌아와 끌어 안을 사람이 없다

내 이마에 달라붙은 노동의 땀이
묘목처럼 돋아서
나는 오래 아픈 침묵으로
발을 짜는데
그때마다

왜 바람은 사납게 몰아치는지
인연으로 앓는 신열은
넝마처럼 펄렁거리고 있다

내 이마에 단 문패가 여긴데
길을 잃은 사람
나는 이마에 찍힌 문패를 잃은 지 오래다

만경강 · 4

허공을 뒤적이면서
환멸이 찾아드는데
나는 왜 새의 노래처럼
흥얼거리고 있어야 하는가

철조망 하나 걸치지 않는
강바닥에 노을이 엎드려서
게처럼 기어가고 있는 광경을
그리워하고 있는가

그렇게 그리워하는 자리에서
퍽이나 서럽게 펄럭이는
세월을 안쓰러워하고 있다

우리들의 기억이 묻어난 난간에
바람이 올라앉아서
언제 소스라칠지 몰라
까마득한 숨결을 붙잡고 있다

산길 시행

산 빛
청록의 바람
띄워 놓고
산 피리 불자

몇 줄기
순정의 나래
펴고 앉아
열애하자

사랑은 언제나 주르륵 쏟아지는
청록에 취해
꿈의 온실을 드나드는 것

산 빛
산 메아리
청청한 산길을 걷자

제 4 부

둠벙가에서

사랑은

내게 있어서 사랑은
무심천에 흐르는 물줄기와 같다
범람하면서
오만한 풍속에 매달리어
형벌과도 같이 어울려
같이 오열하고 있다

내게 있어서 사랑은
타오르다가
재가 되어 휴지처럼 나부끼고
톱니처럼 날카로운 괴리에 얽혀
강물의 출렁임처럼 범람하고 있다

내게 있어서 사랑은
밤으로부터 정을 나르고
그리움의 조각들을 설화의 울밑에 묻어
피어오르는 아픈 내력으로
빛을 내고 있다

물 넝쿨의 서정

물 넝쿨 위로 꽃밭 띄우면
잠자리
꽃놀이 한다

은물결 반짝이면서
햇살 돋우면
물위로
샛바람 어울린다

향기는 뉘 있을까
빈 뜰을 쓸다가
나들이 한다

그 길을 따라 나서며
물고기 꽃향기에 취해
꼬리 흔들고
물 넝쿨 위로 평화의 메시지
바람이 전하고 있다

연잎에 이슬방울

연잎에 이슬방울 구르는 아침이면
청개구리가 구경 나서고
그때 먼동이 터 오고 있다

바람이라도 한아름 몰릴 양이면
조요로이 향기도 와서
가슴에 스밀 것인데
나는 연잎이 피어오르는 뜰을
서성이고 있다

능제 호수 아흔 아홉 귀 뜰에 하얀 연꽃
위쪽에서
아래쪽으로 피어오르고
마치 풍경이 꽃구경 나서거니

칠월의 뜰은
오랜 세월을 두고
정갈한 삶을 가꾸라 이르면서

연꽃이 화사한 빛을 내고 있다

망초꽃

물가에 가면
물가엔 망초꽃이 하늘을 닮아
물그림자 위로 떠다니고 있다

망초꽃이 제 홀로의 서러움을 갖고
어머니의 삶에 있어
고단한 몸짓처럼
어머니의 신음처럼
외로움을 담아내고 있다

망초꽃은 어디로 보나 외로운데
왜 청결한 몸짓인가
왜 수려하고
왜 외로운 자리의 주인인가

물가에 가면
그 맑은 물 가장자리
비탈길에서

망초꽃
하늘 우러러
하얀 몸짓을 하고
바람과 같이 떨고 있다

동백정에서

동백정엔 아직 겨울 더디 가는데
동백꽃 뱃길 따라 피어나고 있다
삶을 엮어 뱃전에 올린
세월의 내력을
동백꽃이 피어나면서 묻고 있다
조수의 밀림에 따라
바닷물 파란
외딴 섬 하나의 둘레
풀밭에서
물새가 그리도 서러운 노래
서둘러 울고 있다
동백꽃 거목된 가지 끝에
꽂은 겨울 한낮을 쓸고
피거니와
가난도 제 서러움에 겨워
동백꽃은 바닷물 쪽에서
물길 출렁이는 쪽을 보고 있다

들국화

산모롱이 지나다가
동무같이
생긴 꽃
그 꽃을 보고 있다

소꿉친구 불러
산길 오르며
나눈 정
그 정을 보고 있다

가는 것 세월인데
무심할 사
구름 가듯이

산모롱이 둘레길 걸어가다가
지금 어디엔가 있을
그 동무 같은 꽃을
보고 있다

물위에 떠도는 세월

개울에 나가 보았더니
해오라기 한 마리가
나의 세월을 쪼아대다가
먼 하늘을 보고 있더라

수련이며
물망초며
창포 파란 잎 바람에 젖고는
개울물 풀 젖은 대로
흘러서 어디론가 가고 있더라

거기 꿈은 남아 있겠지
거기 우리들의 긴 세월 묻고 약속한
사랑은 남아 있겠지

개울가에 나가 보았더니
조약돌 얼마나 많은 날의 이야기 두고
굴렀던지

까맣게 그을리고
그렇게 우리들의 삶이 묻어 있더라

그리움의 자리

저 산 고개 넘어서 가면
꿈은
산꽃처럼 달아오르고
그 친구의 손끝을 볼 수 있겠지

계곡물 줄기 따라 놀이로 키운
세월 보면서
그리운 걸 면면히 어루만지면
풀포기 마다
사랑은 다소곳 앉아 있겠지

물이 흐르듯이 가는 것
세월인가
세월에 묻은 정인가

그리움의 꽃 묻힌 자리
꿈은 달아오르고
노래처럼 타오르는

친구의 눈빛을 볼 수 있겠지

샛강에 가면

샛강에 가면
버들강아지 지펴있는 자리에
송사리 떼지어 놀면서
내가 기억할 일들을 일러주겠지

이끼 낀 자리에도 숨어서
잠자리의 날갯짓 춤사위를 보면서
나와 이웃과의 그리운
삶의 자리를 일러 주겠지

봄이랑 꽃피우는 것이
진정 고와서
샛강에 가면
옛날은 가고 없는데
그리움은 남는 것
내 꿈의 자리
송사리 떼지어 놀러 와서 일러주겠지

물안개 낀 자리

산돌아
고향 가는 길이었던가
물안개 자욱한 자리에서
잃어버린 세월마저 부르게 되어
나는 사랑이 겨운 눈빛마저
아픔으로 달아오르고 있습니다

여운은 남아
하얀 웃음으로 젖어 와서
물안개 자박자박 소리 내는
산 메아리 자욱한 길을 오르고 있습니다

싸리 꽃 지피는 오솔길
오솔길 따라 가다가
한여름 녹음으로 짙푸른 산자락 깔고
새가 우는 자리
우리들의 꿈과 사랑이
자박자박 물젖어 있습니다

책갈피의 풀잎

책갈피에 끼어둔 풀잎이
세월의 무게에 눌려있다
많은 것
비밀리에 묻어 놓은 것이
시름겨워
엎드린 채 누워있다

억눌린채 소리없이 흘러댄 것이
장막에 가려있고
뜯어보아도
새록새록 돋아나는 게
사랑이 잦은 편지 같다

그리움의 숲은 언제나 음지에 갇히고
바람 불 때만 팔랑거리는데
그런 세월이 책갈피에 갇혀
많은 날을 일러내고 있다

원두막 풍경

논길은 새벽에 걸어야 옳다
타오르는 햇살과
사랑의 영혼 앞에 머물고 있는 이슬과
맑은 공기와 마주하고
풀섶 헤치고 가다 원두막에 오르게 되면
거미는 주인집 문간에 줄을 치고
바람이라도 마주치면
주인이 오기 전에 그냥 떠나버린 자리다
이 원두막의 기억이
얼마나 아름답게 펄렁이는가
세월간 곳 물어도 볼 겸
원두막에 올라서서
나는 옛 시절의 이야기를 고르고 있다

사랑은

그렇습니다
그냥 사랑하니까
당신과 나에 있어서 사랑은 셀프입니다

환영의 나래짓이
마치 나비의 날개와 같이
꿈으로 너울거리고
환상의 바다를 건너는 바람과 같이
당신과 나의 사랑은 크고 장중한 까닭에

그렇습니다
사랑은 노래를 타고
당신과 나에 있어서
사랑은 베풀게 하는 셀프입니다

포도송이

송이송이
포도알
아스라이 젖어

아이들 노래같이
자장가같이
별보며
웃듯
살폿한 향기

은밀히 가꾼 사랑
녹아서 부딪치는
그 은밀함이

송이송이 물든
빛이겠다
빛줄기 젖은
향기겠다

문전에서

나는 오동나무 그늘아래 집
문전에서
서성여야 한다

가난한 삶이지만 그리워하면서
신선 같은 풍경 앞에 서서
감격하는 일과
해가 아직 지기 전에
올 것 같은
간절한 사람을 기다려야 한다

마지막 햇살이 오동잎에 묻혀
바둥치고 있을 때
마침내 쏟아지는
피리의 전율처럼 간절하면
다소곳 손 모으고는
그 문전에 서서
절규하듯이

긴박한 꿈을 끌어 모아야 한다

비닐하우스

비닐하우스에 들면
딸기끼리 오순도순 정을 나누고
내가 잊은 세월도 엮어낸다

골골마다 따라 나서면
빨간 빛깔무늬 고운 숨결이
내 꿈꾸던 아롱진 삶을 부른다

비닐하우스에 들면
모든 것 덜어 놓고
딸기 꽃 지피는 자리에서
푸른 빛살과
꽃과
익어가는 딸기의 빨간 무늬가
그렇게 그리면서 살고 싶다

파도소리

북받쳐 쏟아지는
눈물겨운 일이다
신뢰를 잃고 배회하다가
끝내 솟구치는
감회의 진화다

슬픈 마디 끝에 가닥가닥 뇌이며
분노하며
한꺼번에 꺼꾸러지는
배반에 찬 신음이다

몇 번을 감싸고 어울리기를 반복하다
굶주림으로 점철된
할퀸 자리의 반란이다

고가에서

어느 낯선 지역의 고가에서
마루 밑에 놓인 고무신을 본다
바람 젖어 먼지 나르고
어머니의 숨결과 같이
새가 울듯 흐르는 세월과
강아지가 토방에 앉아 졸면서
한여름을 맞듯
어느 시절의 이야기를 들려주는 것과 같이
고가에 고무신 한 짝이 남아 있다

사립문 울타리엔
나팔꽃 피어오르고
망초꽃 마당을 채운 고가에서
나는 흙냄새
삶의 냄새
가난한 시절의 사람 냄새를 맡고 있다
이집 문전으로 얼마나 많은
삶을 밀고 끌고

사랑을 구슬 굴리듯 굴리면서
꿈을 키웠을까
고가의 고무신 한 짝을 지금 보고 있다

둠벙가에서

나는 어느 둠벙가를 지나면서
오랜 시절의 이야기가 생각난다
첨벙대기도 하고
허우적대기도 하고
그 많은 꿈을 출렁이며
포효하면서
노을 걸친 자리의 둠벙을 본다

눈 꼬리 슬그머니 감고는
반드시 옛날이 회생할거라고 믿고는
눈이 큰 올빼미처럼 두리번거리며
물가에 서 있지만
모든 것
추락한 것인가
비닐 조각만 휴지처럼 나부끼는
둠벙가에서
유전의 법칙에 의해 번식하는
많은 새끼를 거느리듯

생각을 거느리고
토할 것
움켜잡은 가쁜 숨을 내 쉬며
둠벙가를 거닐고 있다

바람의 거리에서

함라산 황토 흙 딛고 있으면
흙 사이로 바람이 걸어가면서
내가 잃었던 날의 이야기
찾아 주고 간다

바람은 번들거리는 은사시목을 흔들거나
혹은 이팝나무나
미루목을 흔들면서
어머니의 거닐었던 길 저 쪽
텃밭을 손짓하고
속삭이듯이
아픈 시늉을 하면서
처처히 묻힌 내 사랑만큼 타오른 자리
가난도 정으로 쏟아 붓고 지난다

바람아
차마 할 수 없는 말이
묻혔다는 까닭을 시름으로 다스리는가

범람하는 사랑의 부스러기를 다스리라 하는가

어제도 걷고 오늘도 와서 묻고 싶은 말
실로 기억이 없었는데
바람은 제 사는 길을 닦아가면서
내 어머니 삶의 손짓을 상정한다

함라산 뒷골목 비탈진 자리에 오르다가
바람이 부르짖는 시늉을 보면서
나는 아주 오랫 적 이야길 찾아
철부지 어린 날과 동행하고 있다

| 작품해설 |

정서의 반응과 함축적 모놀로그

-유나영 시집 『그 겨울의 노래』

채수영 | 시인, 문학평론가

| 작품해설 |

정서의 반응과 함축적 모놀로그

-유나영 시집 『그 겨울의 노래』

채수영 | 시인, 문학평론가

1. 프롤로그-시적 자유의 길 찾기

모든 사람은 시 앞에서는 자유인이 된다. 왜냐하면 시는 자유정신을 구현하는 점에서 종교의 한계성조차 극복하는 논리를 태생적으로 간직하고 있기 때문이다. 그러나 시의 엄정성은 결코 방종을 허락하지 않고 항상 필요의 한계만큼 허용치를 소유한다. 다시 말해서 시의 내용에는 무한의 자유를 구가하지만 형태의 필요는 일정한 범주 속에서 치밀한 존재를 형성해야만 한다. 현대의 특성을 과거의 규격적인 필요를 자꾸만 무너뜨리는 문화통섭현상이 진행되고 있다. 즉 오늘날의 문화현상은 점차 추상화되는가하면 이로 인해 서로 섞이면서 특징을 나타내는 시대로 진입했다. 문학 또한 생활을 반영하고 모색하는 점에서 시대에 다른 변화의 당위성이 있게 된다.

시의 내용이 과거의 소재주의적인 데서 탈피하여 다양성을 어떻게 수용할 것인가는 숙제로 다가든다. 모든 시인은 문명비판적인 사람이고 이를 지혜롭게 받아들이는 시인은 시대를 선도하거나 앞선 자리를 마련할 수 있을 것이다. 왜냐하면 시는 인간의 삶을 가장 민감하게 또는 극명하게 나타내는 비평적인 분야이기 때문이다. 더구나 양산되는 수 많은 시인 중에 앞선 자리를 갖기 위해서는 보다 현명한 혜안을 필요로 한다는 점에서 표현기교의 변화에 당위성을 갖게 된다.

5시집을 상재上梓하는 유나영의 시를 점검함으로써 시대와 정서 수용의 다양성을 살필 것이다.

2.의식의 표정들

1)그리움의 변증법

시인마다 자기 기호嗜好에 따른 언어--빈도가 많은 것으로 심리적인 상태를 나타낸다. 이는 시인의 삶에 총체성이 투영된 결정화의 언어이면서 심리적인 통로를 통해 의식이 드러나는 모습이다. 이 모습을 통해 시적 특징을 살필 수 있으며 개인 삶의 이력을 유추할 수도 있는 근거를 제공한다. 왜냐하면 시인은 언어로 자기를 그림으로 그리는 화가이면서 자기의 주장을 시어 속에 내포할 때, 독자의 임무는 이를 알아차리는 일이 감상의 요체일 것이기 때문이다.

유나영의 시에 제 1차적인 특색은 그리움의 표현이 과도하게 많다는 점이다. 이는 곧 삶의 특징을 구성하는 암시도 되면서 시의 유연성을 부각하는 특징으로도 인식된다. 더불어 물에 대한 작용도 시를 부드럽게 만드는 작업 중에 하나가 된다. 인용으로 점검의 길을 찾아간다.

기울어가는 시절처럼
낮달은 가고 있습니다
친구를 잃고
그리움으로 쌓인 채
제 홀로 가기를 소원하고 있습니다

아주 높이
아스라한 눈빛 하나만 꿈벅이면서
햇살의 그늘에 숨은 듯
솟구치면서
바람에도 밀리어나듯
그렇게 시름겨운 날의 둘레에서
떠돌다가 가고 있습니다

어머니가 길 잃은 아이를 부르면서

헤매이듯
그렇게 먼 길을 나서듯
외로운 외침마저 실의에 차
희미한 채
낮달은
아스므레한 길을 가고 있습니다

-「낮달의 흔적」

인간은 부재不在에 애절감을 갖는 일은 심성의 문제로 귀착된다. 가령 무심한 돌 한 덩이를 보고 삶의 고뇌와 균열에의 아픔을 유추할 수도 있고, 또 강인하고 억센 삶의 에너지를 찾아나설 수도 있다. 이처럼 대상에 반응하는 심성은 누구나 동일한 것은 아니다.

위의 시는 낮달이 '기울어가는 시절처럼' 사라지는 것에 대한 애절성과 이에 부수되는 그리움이 가득한 느낌을 준다. 아마도 시인의 정서情緖상태를 가늠할 수 있는 가장 근사近似한 경우는 그리움을 갖고 '제 홀로' 가려는 마음의 외로움이 그리움을 찾아나서는 갈증이 되는 것 같다. 또한 길 잃은 아이를 찾아나선 어머니 심정의 절박함에서 시인의 그리움은 고통과 안타까움과 고달픔을 운명처럼 대동하고 가는 걸음이 무겁고 서럽다는 인상을 지울 수가 없다. '희미한 채 /낮달은/아스므레한 길을 가고 있습니다' 는 곧 시인 자신을 암시하는 상징어이기 때문이다. 어딘가 길을 잃었고 그 길은 어둠에서 살아나는 달의 속성이 아니라 해와 맞서는 외로움과 처절함이 부각되기 때문이다. '친구를 잃고' 와 '제 홀로' '헤매 듯' 에 '낮달' 을 대입하면 시인에 의식의 행로가 그리움과 연결된 갈증의 농도를 이해하게 된다.

유나영의 거의 모든 시에는 그리움이라는 시어가 다수 등장한다.「맨 처음의 사람은」,「그리움의 연습」,「어느 호숫가에서」,「물에 베인 종이」,「그리운 날의 노래」,「떠나는 것과 만나는 것」 등 그리움의 요소는 다양한 변형으로 시심을 전달하는 역할이 이채롭다.

빛 무늬 고운자리
고르면서
피리를 불까

우리들의 뜨락마다
이슬 찬 아침은 가고
저만큼 어깨동무하고
놀던 세월이 가고

소중한 사랑을 키운
그 언덕쯤에 오르고 싶은데
은백색 무늬만 남아
휴지보다 더 삭막하게 날리고 있다

-「그리운 날의 노래」

유나영의 그리움은 '삶에 있어 최상의 상품' 으로써

「떠나는 것과 만나는 것」과 같이 친밀도를 갖는 이유가 삶과 분리되는 것이 아니라 하나로 결합된 삶 그 자체라는 인상을 준다. 외로움이나 고독 혹은 삶의 고달픔조차 위안의 목록으로 작동되는 그리움은 곧 시인 자신의 얼굴이고 상표로 처리되는 수순이다. 이는 심리적인 고독 즉 외로움의 정체가 내면성의 유연함 혹은 내성적인 성품의 문제와 관계가 있는 것 같다.

2)슬픔의 표상

슬픔은 이유가 있어서라기보다 이유 없는 경우가 순수로 포장될 때 눈물이 나고 연약한 모습의 정서로 감염된다. 어쩌면 눈물이란 정서의 가장 순수함을 의미할 때도 있을 것이기 때문이다. 더불어 시인 자신과 등가等價의 이미지로 사용될 때, 진실 혹은 시적으로 말하고 싶은 진정성의 경우도 첨가될 것이다. 다시 말해서 '슬프다'의 뜻은 불행이나 아픔 등 정서적인 균형을 일탈逸脫했을 때 나타나는 심리적인 현상이지만 유시인의 경우는 그런 이미지와 다른 순수성의 정서를 환기하는 뜻이 승勝한 느낌을 준다.

슬픔도
한가한 날의 생각을 불러
식구처럼 찾아들고

모두가
그리운 사람 모아놓고
얼굴이며
옷소매 어루만지고

음성이며
고운 자태도 아로새겨
가슴으로 어르면서
슬픔도
한 식구처럼 어르고 있다

사람가고
사랑이 남아 빈 뜰 누비고는
슬픔도
한 식구처럼 찾아 와 논다

-「슬픔도 한 친구」

동반의 이미지가 느껴지는 작품이다. 가령 '슬픔' 이라는 이미지가 1연에서는 '식구처럼 찾아들고' 와 2연에 그리운 사람을 모으는 역할, 3연에서는 '식구처럼' 다감한 체온을 나누는 역할이 수행되고 '좋아했던 사람이 가고 난 여백에 한 식구처럼 찾아와 논다' 는 슬픔과 보폭을 함께하는 이미지가 정서의 순화적인 기능을 감당하는 느낌을 준다.

슬픔이란 감정의 내면에서 나오는 정서의 흐름 즐거움과 비극의 구분이 애매한 것도 슬픔이 갖는 정서의 특징일 것이다. 즉, 맑은 하늘을 바라보는 것이나 아름다운 음악을 듣는 것으로도 눈물이 나는 경우는 얼마든지 있기 때문이다. 여기서 시인은 한 식구와 슬픔을 굳이 갈라 구분으로 정리하지 않는 의도가 드러난다. 다음 시는 보다 명확한 처리를 알 수 있다.

어미를 잃고
굶주림에
빈뚝을 거닐면서
무심한 세월 가듯
노루 한 마리 걷고 있다

강이랑 뚝방 길 마른 풀잎 널부러진
자릴 헤집고
차가운 바람 몰면서
외로운 길을 걷고 있다

차라리 두려움에 질려
실신한 몸짓이었으면 어떨까
폐허의 광장
무량의 아픔이 절규하는
빈 거리 뚝길에
노루 한 마리
절망에 몸 던지고 있다

-「노루새끼」에서

노루와 시인은 동일한 처지, 동일한 이미지로 독자 앞

에 선다. 다시 말해서 노루에 시인 자신의 정서를 이입移入하여 슬픔의 원인을 설명하는 절차가 명확하다. 고독을 나타내기 위해 노루의 행위를 말하는 의도는 슬픔을 직접 말하는 것에 대한 쑥스러움을 피하기 위해 의존된 동물-선하고 착한 노루의 이미지를 개입시킨 것이다. 1연에서 '겨울 강둑을 걷다가/만난/노루 한 마리/내 시름이 묻은 듯/나와 똑같이 뚝길을 걷고 있다' 의 같은 처지의 연민, 똑같은 시간상의 상황 등이 일치함과 더불어 노루의 고독과 시인의 아픔이 연계됨으로써 아픔 혹은 슬픔 또는 고독에의 상징이 부각된다. 2연에는 '어미를 잃고' 와 '굶주림' 의 비극적인 인식이 한층 고조된 정황으로 드러날 때, 노루와 동일한 시인의 길은 처연凄然함을 느끼게 한다. 아울러 '외로운 길을 걷고 있다' 의 3연이 주는 뉘앙스는 '절망에 몸을 던지고 있다' 의 참혹성을 노루를 통해 시인자신의 아픔을 말하는 이유가 비단 슬픔이나 고통이 현실과 일치한다고는 말할 수 없는 이유는 시의 특성이 상상의 세계를 포착한다는 말을 대입하면 쉽게 이해할 수 있을 것이다.

한 마디로 시인의 슬픔은 상상의 의상을 걸치고 노루에 비유한 정서물이라는 데서 시적 암시가 뚜렷하다. 이는 비유로 살아나는 언어가 시인의 능력일 수 있다는 뜻이다.

3)사랑의 랩소디

인간은 사랑으로 이루어지는 생명체일 것이다. 다시 말해서 사랑의 결과로 생명을 이어받았고, 사랑에 의해 성장하며 사랑을 어떻게 펴고 실천할 것인가를 임무로 부여받고 일생을 살아간다. 물론 사랑을 외면하고 살아가는 사람도 더러는 있을 것이지만 본질적으로 사랑을 떠나서는 생명의 연장이 불가능한 존재가 된다. 이에는 인간만이 아니라 모든 생명체 식물에 이르기 까지도 사랑을 보여주면 춤추고 약동하는 에너지를 발산한다. 이처럼 사랑의 이미지는 생명의 원소이고 생명을 빛나게 하는 이름일 것이다. 때문에 모든 시인들은 사랑을 노래하는 데서 혼신의 기운을 쏟아 붓는다.

내게 있어서 사랑은
무심천에 흐르는 물줄기와 같다
범람하면서
오만한 풍속에 매달리어
형벌과도 같이 어울려
같이 오열하고 있다

내게 있어서 사랑은
타오르다가
재가 되어 휴지처럼 나부끼고
톱니처럼 날카로운 괴리에 얽혀
강물의 출렁임처럼 범람하고 있다

내게 있어서 사랑은
밤으로부터 정을 나르고
그리움의 조각들을 설화의 울밑에 묻어
피어오르는 아픈 내력으로
빛을 내고 있다

-「사랑은」에서

'사랑은 물줄기와 같다' 로 시작하는 이미지는 생명을 지탱하는 원천의식이자 절대요소로 작용하는 본질이면서 생명을 연장하는데도 필수적인 물줄기가 명백하다. 사랑을 정의하는 말은 부지기수일 것이다. "지상의 모든 생물-인간, 야수, 고기, 가축, 조류-모두가 사랑의 불길에 쇄도한다"는 베르길리우스의 〈농경시〉처럼 사랑의 본질을 떠나서는 어떤 존재도 생명을 유지할 수 없다는 결론에 이른다. 물론 인간의 사랑 속에는 환상이 있고 그 환상이 때로 난파難破되는 길을 만들 수 있는 맹목 앞에 비극도 나열된다. 왜냐하면 사랑은 '아픈 내력으로/빛을 내고 있다' 의 결론이 확실하기 때문이다. 사랑에는 아픔이 따르고 그 아픔 속에는 성숙도 아울러 동반한다는 의미를 첨가하면 아픔과 사랑은 동등한 길에서 서로 다른 생각을 실천하는 이름일 것이다. 유나영의 사랑은 물의 비유로 시작해서 다양한 변용變容을 시도할 때 사랑의 순수성이 미화된다. 사랑은 '물줄기' '범람'

'오열' '괴리' '아픔' 들이 결합하여 마지막에는 '빛을 내고 있다' 라는 환한 이미지로 변신할 때, 사랑의 고귀함도 함께 따라오는 수순을 따르는 시인이다. 이런 기교는 유나영의 시를 이끌 고가는 방법론일 때 안도감을 주는 이유가 되고 있다.

사랑은 머물고 있는 게 아니라
물처럼 그냥 흘러가기를 소원하는 것이다
물이 유장의 파문을 내듯이
아름다운 자리를 결박해 놓고
몰래 떠나기를 소원하는 것이다

사랑은 흔적에 묻혀 흐느적이고
시름에 겨워
밤의 고적한 풍속에 익숙한 것이다

무심으로 흐르는 별을 보듯이
달빛의 그림자에 취한
물 잎을 보듯이
사랑은 흔적을 태우면서
빛나는 것이다

저녁 한 때 황홀한 불빛처럼
노을이 지피듯이
그렇게 타오르다가
원색의 빛살을 휴대하면서
사랑은 신음으로 흐느적이는 것이다

-「사랑의 속성」

사랑은 일단 유동流動한다는 특성이 있다. 머물러 고착화된 것이 아니라 이동하면서 변하고 새로움을 찾아 나서는 방법이 있을 때, 신선함과 신기함을 함께 유발하는 특성이 있기 때문이다. '사랑은 머물고 있는게 아니다' 의 단언적인 어사語辭는 사랑에 대한 시인의 신념이고 이 신념은 실천이 따를 때, 화려한 향기를 대동하는 행복도 따라온다. 이같은 유동성은 심지어 '몰래 떠나기를 소원하는 것이다' 로 마음을 작정하고 하늘의 별과 연계 짓고 '빛나는 것이다' 로 정리된다. 그러나 사랑은 어떤 경우에도 만족이 없다. 마치 부풀어 오르는 풍선처럼 더 커지기를 소망하면서 진행하는 이름이기 때문이다. 여기서 사랑의 아픔이 탄생하고 사랑의 비극이 발길을 옮기는 고통이 따라온다. 유나영의 사랑은 정착된 사랑의 이미지이기보다는 이동에서 변화를 수행하는 쪽에 더 시간을 할애하는 인상을 준다.

4)이국 혹은 여행 학습

기행시는 자칫 사물의 나열에 떨어질 염려가 있다. 더불어 실감의 저하低下라는, 대상과 시인과의 괴리乖離에서 자칫 공소함을 부추길 때가 흔하다. 다시 말해서 낯선 풍경에 도취되어 정서가 함락 당하는 의식일 때 독자의 심금을 붙잡지 못하는 우려가 있을 수 있다는 뜻이다. 왜냐하면 이국적인 풍광에 도취될 때, 객관적인 시선을 확보하지 못하는 경우가 대부분이기 때문이다.

유나영의 기행 주로 베트남의 여행시가 시집 제3부를 장악하고 있다. 상당한 분량--이는 무언가 자극을 받은 영향의 지대至大성으로 인식된다.

베트남은 우리와 밀접한 상관이 있다. 이른바 월남파병이라는 말이 시사 하듯 남의 나라 전쟁에 참전하여,우방이라는 미명美名으로 미국의 싸움을 보조하는 역할이었지만 명분에서 약한 참전이었다. 그러나 생명을 담보로 경제의 이익을 얻을 수 있었다는 작은 나라의 서러움이었지만 이젠 새로운 관계개선의 시대를 맞아 감회가 남다른 여정을 소화하고 있다.

세계의 어느 끝에도 볼 수 없는
남북의 분단국가
대한민국
민주는 무엇이며
조국의 경건한 진보는 무엇인가

한 겨울 하노이의 하늘로 날아와
조국산하의 구름 낀 체온에 움츠리면서
나는 호치민의 광장에 와 있다

-「호치민 광장 · 1」에서

베트남의 지도자요 영웅인 호치민의 애국충절을 생각하고 통일된 베트남에서 우리의 현실을 대비하는 비감이 장엄하다. 우리는 여전히 분단의 불행을 이어가는 시간이 길고 더구나 이념의 대립이 날카로운 현실은 더없이 슬픔을 부채질하는 현상이 지루하기 때문이다. 한 사람의 영웅에 의해 통일된 지도력의 부러움 그리고 새로운 도약으로 나아가는 베트남의 하노이에서 '조국의 구름 낀 체온' 에 비감의 소회가 슬프다. 우리는 진보와 보수의 갈림에서 너와 나를 합하는 길이 없이 오로지 주장만 커지는 틈새에서 비극의 시간은 너무 길게 느껴지는 현실에서 탄식하는 시인의 마음이 아프게 느껴진다.

전쟁이 쓸고 간
베트남의
산하
산새도 울부짖고

숲이
아마도 기억된 이야기
전설 지피고
철 지난 자리
그 자리
뻐꾸기 남아 울겠지

많은 날 두고
바람에 저무는 날
숲 길

쓸고 울겠지

-「세월이 묻어놓은 베트남 · 2」

인간의 싸움은 시간이 지나면 너와 내가 없는 사이가 된다. 때로는 나와 너는 원수처럼 싸우지만 시간이 지나면 너도 없고 나도 없는 오로지 하나로 통합되는 길이 만들어진다. 오랜 식민지치하에서 호치민의 지도력에 의해 통일된 베트남의 교훈은, 한때 적군은 적군이 아니고 원수는 원수가 아닌 오로지 대결의 의미가 사라진 오늘은 새로운 통합에 하나의 꿈이 커지는 나라가 감격스럽다. 이젠 서로 돕는 관계를 설정하여 서로의 경제적인 이익을 위해 웃고 미소 짓는 일이 국가와 국가의 관계이기 때문이다. 철저하게 자국의 이익을 위해 계산알을 굴리는 관계가 국제관계의 특징이라면, 베트남 전쟁에서 얻은 교훈은 이런 점에서 시사적인 줄거리일 것이다. 유나영은 베트남의 다양한 곳에서 느낌을 형상화- 시적 감동의 양산을 기도하는 것은 그만큼 사고의 깊이를 자극한 인상을 준다. 전쟁과 평화 그리고 영웅과 국민의 상관은 필연적으로 어려울 때 나타나는 세기의 변화에의 공식이기 때문이다.

5)삶에 대한 성찰

존재란 시련을 이기는 방법을 찾고 구상하는 일이 될 것이다. 왜냐하면 존재를 영위하기 위해서는 경쟁이라는 방법에 따르는 일이 필연적으로 발생한다. 그 결과는 승리자가 있을 수 있고 패배자가 있을 수 있다. 승리자는 득의得意롭게 생을 영위할 수 있고 패배자는 고달픈 삶을 이끌기 위해 시련의 언덕을 넘어야 한다. 이런 처지는 누구도 예외가 될 수도 없고 누구도 특혜를 받을 수 없다는 사실 앞에 공평하게 배분된 시간을 할당받는다. 물론 이런 판세에는 시간이 누구에게나 공평한 분배를 받지만 시간의 경과 뒤에는 차이가나나고 여기서 불평이 날수 있어 승리자는 승리를 움켜쥐기 위해 더 분발의 경쟁을 시도할 것이다. 나폴레온은 "살고 싶다고 생각하지 않으면 안된다. 그리고 죽을 것을 생각하지 않으면 안 된다"라는 생존과 죽음을 병치해놓고 그 사이에 승리와 패배를 어떻게 공평으로 분배정책을 실현하는가는 정치의 몫이지만 개인은 지혜를 동원하는 일들--공부를 하고 머리를 쓰고 등등 사회적 지위를 향상하기 위해 피나는 경쟁의 시련을 지나야 한다. 삶은 그런 과정의 일들을 처리하면서 앞장서기 위해 노력하는 과정의 이름이다.

웃기로 하자
번뇌의 그릇일랑 비워버리고
욕심으로써 해방되게

참한 노래

모든 가능한 것
동원하여
거짓으로써 해방되고
마음으로 다스리는
사랑으로
행복을 가꾸게 하자

한 겨울 함박눈 내릴 때
그때 따뜻한 품성을 배우고
반드시 바라보게 되는
부끄러움으로
양심의 거울을 찾아
온 몸을 비춰내게 하자

목마른 것
사랑으로 두고
참한 노래로써
마음도 한껏 다스리자

-「삶의 길」

길에는 다양성이 지나고 또 다가온다. 아울러 어린애도 어른도 여자도 남자도 오가는 길이 있다. 사는 일도 이런 이치와 같이 삶의 길은 공평하게 모든 인간에게 다가오지만 이를 해결하는 일은 저마다 개인차에 따라 다르게 결과를 맺는다. 웃음을 웃으면서 사는 방법도 있고 찡그린 얼굴로 살아가는 사람도 있을 것이다. 이는 선택적인 일로 삶의 결과는 확연히 달라진다. 1연에 '참한 노래' 2연에는 다스리는 일로 마무리 된다. 삶의 문제는 오로지 자기의 문제다. 자기를 어떻게 현실에 대입하는가의 여부에 따라 다른 결과에 직면하기 때문이다. 유시인은 삶의 길에서 자기를 알아야 이길 수 있다는 우회적인 강조가 두드러진다.

> 개울가에 나가 보았더니
> 조약돌 얼마나 많은 날의 이야기 두고
> 굴렀던지
> 까맣게 그을리고
> 그렇게 우리들의 삶이 묻어 있더라

-「물위에 떠도는 세월」에서

물과 세월은 유동성에서 동일하다. 이 유동은 결과에서 다르게 정리된다. 어떻게 살아야 하는가 혹은 어떤 방법론으로 삶의 길을 개척해야 하는가는 다른 기로岐路에 이르게 된다는 뜻이다. 조약돌은 물살에 시달리고 세월에 이끌려 색깔이 변하고 그을리고의 흔적을 남긴다. 이처럼 물과 세월은 유사한 이미지로 결과에 다른 대답을 전달해 준다. '그렇게 우리들의 삶은 묻어있더라' 의 표현에서 물과 세월을 따르는 인간의 문제가 선명하게 다가든다.

6)물의 이미지

세상은 변하는 것이 정한 이치일 것이다. 시간이나 물은 어떤 대상을 일정한 목적지에 이르게 하는 매개의 역할을 수행하기 때문에 의식할 수도 있고 무의식으로 진전할 수도 있다. 물은 보이는 현상이지만 시간은 보이지 않음으로써 의식의 관찰을 벗어난다. 인간의 삶도 그런 비유 속에 살고 있을 뿐만 아니라 연륜의 탑을 쌓아간다.

물은 생명의 에너지이다. 모든 생명체는 물의 여부에 따라 삶과 죽음이 분기하기 때문이다. 사람이 살 수 없는 사막을 위시해서 머나먼 행성에 물이 있는가의 여부에 따라 우주 탐험의 생명 찾기는 필사적이라는 사실은 물이 얼마나 중요한 원소인가를 상징한다. 물이 있음은 생명이 존재할 수 있고 생명체의 존재는 문화가 있기 때문에 필사적으로 새로운 생명체를 찾아 나서는 일이 곧 탐험의 요체이다.

샛강에 가면
버들강아지 지펴있는 자리에
송사리 떼지어 놀면서
내가 기억할 일들을 일러주겠지

이끼 낀 자리에도 숨어서
잠자리의 날갯짓 춤사위를 보면서

나와 이웃과의 그리운
삶의 자리를 일러 주겠지

봄이랑 꽃피우는 것이
진정 고와서
샛강에 가면
옛날은 가고 없는데
그리움은 남는 것
내 꿈의 자리
송사리 떼지어 놀러 와서 일러주겠지

-「샛강에 가면」

샛강에 가면 생명체를 만나는 즐거움을 갖는다. 버들강아지, 송사리떼, 잠자리 등이 어울려 살아가는 강의 숨소리에는 추억과 꿈이 깃들어 있음을 회억回憶한다. 비록 시간은 저만치 지나갔어도 기억의 잔상殘像에 남아 있는 추억의 이름들은 유유하게 다가들기 때문이다.

흔히 흐르는 물에서는 의식도 그렇게 따라 흐른다. 이런 일은 어린 시절의 기억이 되살아오면서 오늘을 살찌게 하는 요인들이 출렁인다. 시인은 물의 이미지에서 에너지로 흐르는 삶의 갈래를 그리움으로 남기려 한다. 「물안개 낀 자리」, 「둠벙가에서」, 「물넝쿨의 서정」, 「연잎에 이슬방울」, 「비를 맞으며」 연작시 「만경강1~4」 등등 물을 소재로 한 시들이 많은 것도 시인의 정서가 화려한 변화를 기도企圖하는 증거로 이해된다.

3.에필로그-시어 탄력의 표정

시의 특성은 곧 시인의 특성과 연결될 때 결과의 소득이 남는다. 독자를 감동시키는 것은 언어의 조합으로 빚어진 무늬-즉 시적 표현의 조직화일 것이다. 시가 치밀하고 조직적으로 언어의 결합을 이룩했을 때, 의미의 치밀성을 획득할 수 있고 감동은 뒤따라오는 그림자와 같을 것이다. 유나영의 시는 언어 감각이 두드러지고 언어의 운용에 남다른 치밀성을 갖고 시를 조종하는 것 같다.

그리움이 많은 빈도로 시를 장악한 것은 그의 심성이 내면적이고 온화하고 따스함을 반영하는 것 같은 인상을 남긴다. 이는 삶에서 얻어진 소산이면서 개인적인 품성의 문제로 돌아갈 것이다.

시는 슬픔의 이유를 앞세우는 질축(wet)한 것이 아니다. 아름다움이거나 슬픈 것 또는 투명함도 눈물샘을 자극하는 일이 그만큼 정서의 투명성을 거론하는 일이면서 치밀한 언어의 조직을 가져야 한다는 강조이다. 다시 말해서 언어의 탄력을 발휘하는 능력이 곧 시의 성공적인 요소가 된다면 아름다움의 의도를 깊게 하면서 순수와 손을 잡게 되는 그런 시를 만나는 소산이 유나영의 시이다.

사랑은 가장 아름다운 인간이 될 수 있도록 단련하는 에너지일 것이다. 시인은 겉으로 드러내는 사랑의 호소가 아니라 안으로 다짐하고 간직하는 사랑의 뉘앙스가 선명할 때 시의 표정에 생동감을 주는 것 같다.

삶은 누구나 맞이하는 공평한 신의 분배물이라면 이를 받아 어떻게 사용하는 가는 개인에 따라 해결방법이나 수단이 다르다면 시인은 지혜로운 삶을 이끌고 가파른 언덕을 넘어가는 것 같다. 아마도 부드러움을 추구하는 정서가 물과 결합될 때 이런 경향은 윤나는 이미지를 생산하는 시인이 유나영의 시적 특징이다. ▪